Parragon Books Ltd
Chartist House
15–17 Trim Street
Bath BA1 1HA, UK

Realisation der deutschen Ausgabe:
trans texas publishing, Köln
Übersetzung: Helene Weinold-Leipold, Violau

ISBN 978-1-78186-009-0
Printed in China

Sag „Bitte", kleiner Bär!

Parragon

Bath • New York • Singapore • Hong Kong • Cologne • Delhi
Melbourne • Amsterdam • Johannesburg • Shenzhen

Papa Bär und das Bärenkind waren auf dem
Weg zum Kindergarten.
Doch das Bärenkind trödelte dauernd herum.

„Bleib an meiner
Hand, Bärenkind!“,
sagte Papa Bär.

„Immer langsam, Bärenkind!“, sagte Papa Bär.

„Bärenkind, anderen etwas wegzunehmen ist gar nicht nett!“

„Es ist besser zu
teilen, Bärenkind“,
sagte Papa Bär.

Später brachte Papa Bär das Bärenkind zu Häschens Kindergeburtstag.
Unterwegs gingen sie einkaufen.
„Bitte bleib an meiner Hand, Bärenkind!“, mahnte Papa Bär ärgerlich.

Spielzeug

Da sah Papa Bär in einem Schaufenster etwas,
das ihn auf eine Idee brachte.
„Schau mal, Bärenkind“, sagte er,
„diese Maus will uns etwas sagen!“

Spielzeug

„Die Maus möchte zum Kindergeburtstag
mitkommen, Bärenkind“, sagte Papa Bär.
„Aber sie will auf keinen Fall zu spät dran sein!“

Sie kamen auf die Minute pünktlich
zu Häschens Geburtstagsfeier.
Da flüsterte die Maus
Papa Bär etwas ins Ohr.

„Die Maus sagt: Entschuldige bitte.“

Bärenkind rannte los, um auf dem Zug zu spielen. Die Maus flüsterte Papa Bär etwas ins Ohr. „Die Maus fragt, ob sie bitte auch mit dem Zug fahren kann.“

Bärenkind aß seinen Freunden das Popcorn weg.
Die Maus flüsterte Papa Bär etwas ins Ohr.
„Die Maus fragt, ob *ihr* auch Popcorn möchtet,
Häschen und Maulwurf."

Als es Zeit war,
heimzugehen,
stand das
Bärenkind
stumm an der
Tür.
„Die Maus sagt:
Danke für die
Einladung!“,
sagte Papa Bär.

Das Bärenkind sah die Maus an. Dann sah es Papa Bär an.

Dann sah es Häschens Mama an und sagte: „Danke für die Einladung!“

„Oh, danke, dass du gekommen bist, Bärenkind“, lächelte Häschens Mama.

„Ihr könnt jederzeit wieder zum Spielen kommen, du und Maus.“

„Die Maus findet es prima,
wie du dich bedankst",
sagte Papa Bär.

„Und das finde ich auch."